CALVINISME,
ARMINIANISME
& PAROLE DE DIEU

Calvinisme, Arminianisme & Parole de Dieu

LE POINT DE VUE DE CALVARY CHAPEL

Chuck Smith

LA COLOMBE
CALVARY

10 avenue Aimé Martin • 06200 Nice

Calvinisme, Arminianisme et Parole de Dieu
Le point de vue de Calvary Chapel

Titre original en langue anglaise :
Calvinism, Arminianism and the Word of God

Édition et publication en langue française :
La Colombe Calvary
10, avenue Aimé Martin ● 06200 Nice
http://www.calvarychapel.fr

Copyright © 2011 The Word for Today

ISBN 978-2-9539988-0-1

Traduction : Élisa Duflot & Raphaël Pinson

Textes bibliques tirés de la Nouvelle version Segond révisée
(Bible à la Colombe), avec autorisation.
Copyright © 1978 Société biblique française
http://www.editionsbiblio.fr

Confie-toi en l'Éternel

de tout ton cœur,

et ne t'appuie pas

sur ton intelligence.

PROVERBES 3.5

Calvinisme, Arminianisme & Parole de Dieu

QUE SIGNIFIE faire partie du nombre croissant d'églises Calvary Chapel ? Certains aspects nous démarquent des autres églises évangéliques. Nous pourrions mettre en avant notre engagement commun à enseigner la Bible de façon systématique ou l'accent mis sur l'amour qui dépasse toutes les frontières culturelles ou ethniques. Les églises Calvary Chapel sont également connues pour l'importance centrale qu'elles accordent à la louange, par l'intermédiaire de musique contemporaine fidèle à la Parole de Dieu et au désir de Son peuple de Le louer. Sans exception, les églises Calvary Chapel se prononcent très fermement en faveur d'une

vision pré-tribulationniste et pré-millénariste du re-
tour de Jésus-Christ. Nous avons également exprimé
un amour et un soutien constants pour la nation
d'Israël, dans son droit à une patrie historique et
dans son besoin du Messie. Mais le plus important,
c'est que Calvary Chapel soit connu pour avoir su
trouver le juste milieu entre les opinions extrêmes
sur des questions théologiques controversées qui
bien souvent ont causé la division plutôt que l'unité
au sein du corps du Christ.

Les églises Calvary Chapel ne désirent pas diviser,
ni être dogmatiques dans les domaines où les parti-
sans et les enseignants de la Bible n'ont pas réussi
à s'entendre. Cependant, il est important d'affirmer
aussi clairement que possible notre base doctrinale
commune et notre unité, en particulier dans le do-
maine de l'autorité pastorale et de l'enseignement.
Bien que nous accueillions volontiers dans notre
mouvement les croyants qui ne partagent pas notre
point de vue, nous encourageons en revanche une
unité de vision doctrinale de la part des pasteurs qui
ont la responsabilité de nous enseigner les vérités de
la Parole de Dieu.

Les églises Calvary Chapel essaient d'éviter les
prises de position, les terminologies et les querelles
sur des sujets qui ne sont pas clairement présentés
dans la Bible. Il n'y a pas de sujet de controverse
où cette approche a plus d'importance que dans

le débat sans cesse attisé entre calvinistes et arminiens. Au milieu de cette discussion houleuse, il est facile de méconnaître ou de négliger les principes simples de la Bible ou de croire que nous avons la capacité de comprendre entièrement les voies du Seigneur (Romains 11.33–36). Mais quelle tragédie lorsque nous nous inquiétons plus d'avoir « raison » que de faire preuve d'amour ! Quand nous débattons sur le ministère du Saint-Esprit, il est facile de ne pas être d'accord sur des termes tels que « baptême » ou « être rempli » et de passer à côté de la bénédiction et de la puissance de l'Esprit de Dieu dans nos vies. La manière dont nous conduisons les débats ou dont nous nous exprimons pourra parfois « éteindre » ou encore « attrister » l'Esprit béni qui demeure en chaque croyant. Au milieu de tous nos différends au sujet des dons spirituels, nous pouvons passer à côté de l'exhortation biblique d'aimer, qui est clairement plus grande que tous les dons (1 Corinthiens 12.31–14.1). Notre désir est de rassembler les croyants dans l'amour et dans l'unité du Saint-Esprit. Nous fixons notre attention sur notre Dieu grandiose, et non sur nous-mêmes. Nous sommes dévoués à glorifier notre Seigneur dans tout ce que nous disons ou faisons.

Il n'y a probablement pas de question plus importante et qui puisse générer autant de divisions que celle de la doctrine du salut, qui est au cœur du débat entre les disciples de Jean Calvin (1509–1564) et ceux de Jacob Hermann (1560–1609), plus connu sous son nom latin, Arminius. Depuis la réforme protestante au 16e siècle, les églises chrétiennes et leurs dirigeants ont été en désaccord sur des questions telles que la dépravation, la souveraineté de Dieu, la responsabilité humaine, l'élection, la prédestination, la sécurité éternelle, et la nature et l'étendue de l'expiation de Jésus-Christ.

Bien que formé dans la tradition de la Réforme, Arminius a eu de sérieux doutes sur la doctrine de la « grâce souveraine » telle que les disciples de Jean Calvin l'enseignaient. Il était pasteur de la congrégation réformée d'Amsterdam (1588), mais au cours des quinze années de ce ministère, il commença à remettre en question les conclusions du calvinisme. Il abandonna le pastorat et devint professeur de théologie à l'Université de Leyde. Ce sont ses enseignements sur l'élection et la prédestination qui menèrent à une violente et tragique polémique. Après sa mort en 1609, ses disciples développèrent les Remontrances de 1610 qui définissaient les « cinq points de l'arminianisme ». Ce document était une protestation contre les doctrines des calvinistes, et fut soumis à l'État de Hollande. En 1618, un Synode National de l'Église fut convoqué à Dordrecht pour examiner les enseignements d'Arminius à la lumière des Écritures. Après 154 sessions, étendues sur sept mois, les cinq points de l'arminianisme furent déclarés hérétiques. Après le synode, beaucoup des disciples d'Arminius, comme Hugo Grotius, furent emprisonnés ou exilés. Quand John Wesley reprit certains des enseignements de l'arminianisme, le mouvement commença de croître, et cela affecta la tradition méthodiste ainsi que les convictions de la majorité des églises pentecôtistes et charismatiques.

Les « cinq points de l'arminianisme » étaient les suivants :

LE LIBRE ARBITRE

Arminius croyait que la chute de l'homme n'était pas totale, soutenant qu'il restait toujours assez de bonté en l'homme pour qu'il désire le salut en Jésus-Christ.

L'ÉLECTION CONDITIONNELLE

Arminius croyait que l'élection était basée sur la prescience de Dieu qui connaît à l'avance ceux qui vont croire. L' « acte de foi » de l'homme était donc vu comme la « condition » de son élection à la vie éternelle, puisque Dieu savait déjà que l'homme allait exercer son « libre arbitre » en réponse à Jésus-Christ.

L'expiation illimitée

Arminius soutenait que la rédemption était basée sur le fait que Dieu aime tous les hommes, que Christ est mort pour tous, et que le Père ne veut pas qu'aucun périsse. La mort du Christ a fourni à Dieu les fondements pour sauver tous les hommes, mais chacun doit exercer son propre « libre arbitre » afin d'être sauvé.

La grâce résistible

Arminius croyait que puisque Dieu voulait que tous les hommes soient sauvés, Il a envoyé le Saint-Esprit pour « courtiser » tous les hommes au Christ, mais comme l'homme possède un « libre-arbitre » absolu, il est capable de résister à la volonté de Dieu pour sa vie. Il croyait que la volonté de Dieu de sauver tous les hommes peut être entravée par la volonté finie de l'homme. Il enseignait également que l'homme exerce son propre libre arbitre, et n'est né de nouveau que par la suite.

La perte de la grâce

Si l'homme ne peut pas être sauvé par Dieu à moins de le vouloir, alors l'homme ne pourra garder son salut qu'à la condition qu'il continue à souhaiter être sauvé.

De façon intéressante, Jean Calvin, le réformateur français, n'a pas formulé ce que nous connaissons aujourd'hui sous le nom des cinq points du calvinisme. Ils ont été énoncés dans les Canons du Synode de Dordrecht (1618), et des déclarations complémentaires ont été développées plus tard à travers les nombreuses confessions réformées en ces matières. Le calvinisme est bien connu pour ses remarquables érudits, théologiens, prédicateurs et réformateurs, des hommes tels que John Owen, George Whitefield, William Wilberforce, Abraham Kuyper, Charles Hodge, B. B Warfield, J. Gresham Machen et Charles Haddon Spurgeon.

Ceux qui, au sein de la Réforme, ont répondu aux enseignements d'Arminius ont choisi le mot « TULIP » comme acrostiche pour résumer leur réponse aux cinq points de l'arminianisme :

LA DÉPRAVATION TOTALE
(T = TOTAL DEPRAVITY)

Les calvinistes croyaient que l'homme est totalement asservi au péché et à Satan, et incapable d'exercer son libre arbitre pour placer sa confiance en Jésus-Christ sans l'aide de Dieu.

L'ÉLECTION INCONDITIONNELLE
(U = UNCONDITIONAL ELECTION)

Les calvinistes croyaient que la prescience est basée sur le plan et le but de Dieu, et que l'élection n'est pas basée sur la décision de l'homme, mais sur le seul « libre arbitre » du Créateur.

L'EXPIATION LIMITÉE
(L = LIMITED ATONEMENT)

Les calvinistes croyaient que Jésus-Christ était mort pour sauver ceux qui Lui avaient été confiés par le Père de toute éternité. Selon leur point de vue, tous ceux pour qui Jésus est mort (les élus) seront sauvés, et tous ceux pour qui il n'est pas mort (les non-élus) seront perdus.

LA GRÂCE IRRÉSISTIBLE
(I = IRRESISTIBLE GRACE)

Les calvinistes croyaient que le Seigneur possède une grâce irrésistible qui ne peut être entravée. Ils enseignaient que le libre arbitre de l'homme est si éloigné du salut, que les élus sont régénérés (amenés à la vie spirituellement) par Dieu avant même d'exprimer leur foi en Jésus-Christ en vue du salut. Si une personne totalement pervertie n'était pas amenée à la vie par l'Esprit-Saint, un tel appel de Dieu serait impossible.

LA PERSEVÉRANCE DES SAINTS
(P = PERSEVERANCE OF THE SAINTS)

Les calvinistes croyaient que le salut est entièrement le travail du Seigneur et que l'homme n'a absolument rien à voir dans la démarche. Les saints vont persévérer car Dieu va s'assurer de finir le travail qu'Il a commencé.

Notre but n'est pas de prendre position sur ces questions ou de créer des divisions dans le corps du Christ sur des interprétations humaines de ces vérités bibliques concernant notre salut. Nous désirons simplement exposer comment nous, églises Calvary Chapel, comprenons l'enseignement de la Bible concernant ces questions.

LA DÉPRAVATION

Nous croyons que tous ont péché (Romains 3.23) et sont incapables par leurs propres forces humaines de gagner ou de mériter le salut (Tite 3.5). Nous croyons que le salaire du péché est la mort (Romains 6.23), et qu'en dehors de la grâce de Dieu, personne ne peut être sauvé (Éphésiens 2.8–9). Nous croyons que personne n'est juste, ou capable de faire le bien (Romains 3.10–12), et que sauf par conviction de péché et par régénération du Saint-Esprit,

personne ne peut être sauvé (Jean 1.12–13 ; 16.8–11 ;
1 Pierre 1.23–25). L'homme est clairement déchu et
perdu dans le péché.

L'ÉLECTION

Nous croyons que Dieu a choisi le croyant avant
la fondation du monde (Éphésiens 1.4–6), que sur
la base de Sa prescience Il a prédestiné le croyant
afin de le transformer à l'image de Son fils (Romains 8.29–30). Nous croyons que Dieu offre le
salut à toute personne qui invoquera Son nom. Romains 10.13 dit : « Car quiconque invoquera le nom
du Seigneur sera sauvé. » Nous croyons aussi que
Dieu appelle à Lui tous ceux qui croient en Son fils,
Jésus-Christ (1 Corinthiens 1.9). Néanmoins, la Bible
nous enseigne aussi qu'une invitation (ou un appel) est lancée à chacun d'entre nous, mais que peu
l'accepteront. Nous voyons cet équilibre tout au long
de l'Écriture. Apocalypse 22.17 révèle : « [...] que celui qui veut, prenne de l'eau de la vie gratuitement ! »
1 Pierre 1.2 nous dit que nous sommes « élus selon
la prescience de Dieu le Père, par la sanctification
de l'Esprit, pour l'obéissance et l'aspersion du sang
de Jésus-Christ. » Matthieu 22.14 dit : « Car il y a
beaucoup d'appelés, mais peu d'élus. » Dieu opère
clairement le choix, mais l'homme doit aussi accep-
ter l'invitation de Dieu au salut.

L'expiation

Nous croyons que Jésus-Christ est mort en propitiation (une satisfaction de la juste colère de Dieu contre le péché) « pour le monde entier » (1 Jean 2.2 ; 4.9–10) et qu'Il rachète et pardonne quiconque croit en la mort et en la résurrection de Jésus-Christ comme son unique espoir de salut du péché, de la mort et de l'enfer (Éphésiens 1.7 ; 1 Pierre 1.18–19). Nous croyons que la vie éternelle est un don de Dieu (Romains 6.23) et que « quiconque croit » en Jésus-Christ ne périt pas, mais a la vie éternelle (Jean 3.16–18). 1 Timothée 4.10 dit : « Nous avons mis notre espérance dans le Dieu vivant, qui est le Sauveur de tous les hommes, surtout des croyants. » Hébreux 2.9 déclare que Jésus « a été fait pour un peu de temps inférieur aux anges [...], couronné de gloire et d'honneur [...] ; ainsi, par la grâce de Dieu, il a goûté la mort pour tous. » Le sacrifice expiatoire de Jésus-Christ était clairement suffisant pour sauver la race humaine toute entière.

La grâce

Nous croyons que la grâce de Dieu n'est pas le résultat de l'effort ou du mérite humains (Romains 3.24–28 ; 11.6), mais qu'elle est la réponse de la miséricorde et de l'amour de Dieu à ceux qui croiront en Son Fils (Éphésiens 2.4–10). La grâce nous donne ce que nous ne méritons pas, ni ne pouvons gagner par notre comportement (Romains 11.6). Nous croyons que nous pouvons résister à la grâce et à la miséricorde de Dieu. Jésus a dit dans Matthieu 23.37 : « Jérusalem, Jérusalem, qui tues les prophètes et qui lapides ceux qui te sont envoyés, combien de fois ai-je voulu rassembler tes enfants, comme une poule rassemble ses poussins sous ses ailes, et vous ne l'avez pas voulu ! » Une personne n'est pas condamnée par manque d'opportunité d'être sauvée, mais parce qu'elle fait le choix de ne pas croire (Jean 3.18). Dans Jean 5.40, nous lisons : « Et vous ne voulez pas venir à moi pour avoir la vie ! » Jésus a également dit dans Jean 6.37 : « Tout ce que le Père me donne viendra à moi, et je ne jetterai point dehors celui qui vient à moi. » Jean 6.40 déclare : « Voici, en effet, la volonté de mon Père : que quiconque voit le Fils et croit en lui ait la vie éternelle. » Dans Jean 7.37, Jésus a dit : « Si quelqu'un a soif, qu'il vienne à moi et qu'il boive. » Dans Jean 11.26, Il ajoute : « Quiconque vit et croit en moi ne mourra jamais. »

Jésus reconnaît clairement la résistance et le rejet de l'homme. Dans Jean 12.46–48, Il a dit :

> « Moi, la lumière, je suis venu dans le monde, afin que quiconque croit en moi ne demeure pas dans les ténèbres. Si quelqu'un entend mes paroles et ne les garde pas, ce n'est pas moi qui le juge,

car je suis venu non pour juger le monde, mais pour sauver le monde. Celui qui me rejette et qui ne reçoit pas mes paroles, a son juge : la parole que j'ai prononcée, c'est elle qui le jugera au dernier jour. »

Dans le message d'Étienne dans Actes 7.51, il conclut en disant : « Hommes au cou raide, incirconcis de cœur et d'oreilles ! vous vous opposez toujours au Saint-Esprit, vous comme vos pères. » Dans Romains 10.21, l'apôtre Paul cite Esaïe 65.2 quand il parle des paroles de Dieu à Israël : « Tout le jour j'ai tendu mes mains vers un peuple rebelle et contredisant. » Dans un des cinq passages d'avertissement de l'Épître aux Hébreux, nous lisons dans Hébreux 10.26 : « Car si nous péchons volontairement après avoir reçu la connaissance de la vérité, il ne reste plus de sacrifice pour les péchés. » Le verset 29 ajoute :

« Combien pire, ne pensez-vous pas, sera le châtiment mérité par celui qui aura foulé aux pieds le Fils de Dieu, tenu pour profane le sang de l'alliance par lequel il avait été sanctifié, et qui aura outragé l'Esprit de la grâce ! »

Il est clair que l'exercice du libre arbitre peut permettre aussi bien de résister à la grâce de Dieu que de la recevoir.

LA PERSÉVÉRANCE

Nous croyons que rien ne peut nous séparer de l'amour de Dieu en Jésus-Christ notre Seigneur (Romains 8.38–39) et qu'il n'y a aucune condamnation pour ceux qui sont en Jésus-Christ (Romains 8.1). Nous croyons que la promesse de Jésus dans Jean 10.27–28 est claire : « Mes brebis entendent ma voix. Moi, je les connais, et elles me suivent. Je leur donne la vie éternelle ; elles ne périront jamais, et personne ne les arrachera de ma main. » Jésus a dit dans Jean 6.37 : « Tout ce que le Père me donne viendra à moi, et je ne jetterai point dehors celui qui vient à moi. » Nous avons l'assurance dans Philippiens 1.6 « que celui qui a commencé en [n]ous cette œuvre bonne, en poursuivra l'achèvement jusqu'au jour du Christ-Jésus. » Nous croyons que le Saint-Esprit nous a scellés pour le jour de la rédemption (Éphésiens 1.13–14 ; 4.30).

Mais nous sommes également profondément préoccupés par les mots de Jésus dans Matthieu 7.21–23 :

> « Quiconque me dit : Seigneur, Seigneur ! n'entrera pas forcément dans le royaume des cieux, mais celui-là seul qui fait la volonté de mon Père qui est dans les cieux. Beaucoup me diront en ce jour-là : Seigneur, Seigneur ! N'est-ce pas en ton nom que nous avons prophétisé, en

ton nom que nous avons chassé des démons, en ton nom que nous avons fait beaucoup de miracles ? Alors je leur déclarerai : Je ne vous ai jamais connus retirez-vous de moi, vous qui commettez l'iniquité. »

Apparemment, beaucoup se proclament croyants mais en réalité ne le sont pas.

Jésus a dit dans Luc 9.62 : « Quiconque met la main à la charrue, et regarde en arrière, n'est pas bon pour le royaume de Dieu. » 1 Corinthiens 6.9–10 insiste sur le fait que « les injustes n'hériteront pas le royaume de Dieu » et nous met en garde de ne pas être trompé. Suit une liste de styles de vie immoraux suivie d'une remarque indiquant qu'ils ne nous permettront pas d'hériter le royaume de Dieu. Des déclarations et des conclusions similaires nous sont données dans Galates 5.19–21 et Éphésiens 5.3–5.

Galates 5.4 dit : « Vous êtes séparés de Christ, vous qui cherchez la justification dans la loi ; vous êtes déchus de la grâce. » Colossiens 1.21–23 dit de Jésus-Christ : « Il vous a maintenant réconciliés par la mort dans le corps de sa chair, pour vous faire paraître devant lui saints, sans défaut et sans reproche ; si vraiment vous demeurez dans la foi, fondés et établis pour ne pas être emportés loin de l'espérance de l'Évangile que vous avez entendu, qui a été prêché à toute créature sous le ciel, et dont moi Paul je suis devenu le serviteur. » 2 Timothée 2.12 dit que « si nous le renions, Lui aussi nous reniera. » Hébreux 3.12 dit : « Prenez donc garde, frères, que personne parmi vous n'ait un cœur méchant et incrédule, au point de se détourner du Dieu vivant. » Est-ce que de vrais croyants (« frères ») peuvent se détourner du Dieu Vivant ? 1 Timothée 4.1 nous apprend que « dans les derniers temps, quelques-uns abandonneront la foi. » 2 Thessaloniciens 2.3 parle de « séduction » ou d'une apostasie. 2 Pierre 2.20–21 constate remarquablement :

> « En effet, si après s'être retirés des souillures du monde par la connaissance du Seigneur et Sauveur Jésus-Christ, ils s'y engagent de nouveau et sont vaincus par elles, leur dernière condition est pire que la première. Car mieux valait, pour eux, n'avoir pas connu la voie de la justice, que de l'avoir connue et de se détourner du saint commandement qui leur avait été donné. »

Il n'est pas étonnant que Pierre dise dans 2 Pierre 1.10 : « C'est pourquoi frères, efforcez-vous d'autant plus d'affermir votre vocation et votre élection : en le faisant, vous ne broncherez jamais. » Nous remercions Dieu pour l'encouragement qu'Il nous donne dans Jude 1.24 : « À celui qui peut vous préserver de toute chute et vous faire paraître devant sa gloire, irréprochables dans l'allégresse. »

Maintenir un équilibre centré sur la Bible concernant ces questions difficiles est très important. Nous croyons vraiment dans la persévérance des saints (vrais croyants), mais nous nous sentons profondément concernés par les styles de vie pécheresse et les cœurs indociles parmi ceux qui s'appellent « chrétiens ». Nous n'avons pas toutes les réponses à ces questions, mais nous désirons être fidèles au Seigneur et à Sa Parole. Lorsque nous nous retrouvons à fonder notre vision du salut sur le comportement et l'attitude des gens, cela nous décourage et nous préoccupe. Mais lorsque nous gardons nos yeux fixés sur le Seigneur et gardons confiance en Lui seul et en Sa puissance, nous disons alors avec Pierre dans 1 Pierre 1.3–9 :

> « Béni soit le Dieu et Père de notre Seigneur Jésus-Christ qui, selon sa grande miséricorde, nous a régénérés, par la résurrection de Jésus-Christ d'entre les morts, pour une espérance vivante, pour un héritage qui ne peut ni se corrompre, ni se souiller, ni se flétrir et qui vous est réservé dans les cieux, à vous qui êtes gardés en la puissance de Dieu, par la foi, pour le salut prêt à être révélé dans

les derniers temps. Vous en tressaillez d'allégresse, quoique vous soyez maintenant, pour un peu de temps, puisqu'il le faut, affligés par diverses épreuves, afin que votre foi éprouvée — bien plus précieuse que l'or périssable, cependant éprouvé par le feu — se trouve être un sujet de louange, de gloire et d'honneur, lors de la révélation de Jésus-Christ. Vous l'aimez sans l'avoir vu. Sans le voir encore, vous croyez en lui et vous tressaillez d'une allégresse indicible et glorieuse, en remportant pour prix de votre foi le salut de vos âmes. »

Il n'est pas facile de maintenir l'unité de l'Esprit parmi nous sur ces questions. La souveraineté de Dieu et la responsabilité humaine semblent être comme deux lignes parallèles qui ne se croiseront jamais dans nos esprits finis. Les voies de Dieu sont « incompréhensibles » (Romains 11.33) et la Bible nous met en garde de « ne pas nous appuyer sur notre intelligence » (Proverbes 3.5). Dire ce que Dieu dit dans la Bible — ni plus, ni moins — n'est pas toujours facile, agréable, ou complètement compréhensible. Mais l'Écriture nous dit que la sagesse d'en haut sera aimante et douce envers tous ceux qui recherchent l'unité des croyants, n'essayant pas de diviser et de séparer les uns des autres. compatissants, nous faisant grâce réciproquement, comme Dieu nous a fait grâce en Christ. (Éphésiens 4.32)! Que dans les questions doctrinales difficiles, nous puissions nous comporter avec grâce et avec des cœurs remplis d'humilité, désirant avant tout plaire à Celui qui nous a appelés à Le servir dans le corps de Christ. Débat — Oui! Désaccords — Oui! Division — Non!

Jésus a dit : « Vous les reconnaîtrez à leurs fruits. » Lorsqu'une position particulière sur les Écritures est source de conflit, de légalisme ou de division, je mets en doute la légitimité de cette position. Je cherche plutôt à tendre vers les choses qui vont me rendre plus aimant et bon, pardonnant plus et faisant preuve de plus de miséricorde. Je sais alors que je deviens de plus en plus à l'image de mon Seigneur. Si vous êtes arrivé à une intime conviction unilatérale sur question doctrinale, merci de nous accorder le privilège de constater d'abord comment cela vous a aidé à devenir plus semblable à Christ dans votre nature, et ensuite nous jugerons si nous avons besoin d'acquérir la même conviction. Assurons-nous toujours de regarder le fruit de l'enseignement.

Recherchez les choses qui produisent la nature aimante de Jésus dans nos vies. Je préfèrerais avoir une mauvaise connaissance mais une attitude juste, plutôt qu'une connaissance juste et une mauvaise attitude. Dieu peut changer ma compréhension des choses en un instant, mais cela prend bien souvent toute une vie pour que mon attitude soit transformée.

Affectueusement,

Chuck Smith

INDEX DES RÉFÉRENCES BIBLIQUES

Achevé d'imprimer au 3ᵉ trimestre 2011
Dépôt légal : 3ᵉ trimestre 2011

www.ingramcontent.com/pod-product-compliance
Lightning Source LLC
Chambersburg PA
CBHW060557030426
42337CB00019B/3561